불꽃인생

불꽃인생

1판 4쇄 2023년 9월 20일 인쇄
1판 4쇄 2023년 9월 25일 발행

지은이 김병갑
표지 그림 반 고흐 <밤의 테라스 카페>
본문 그림 반 고흐
펴낸이 송춘식
기획·편집 (주)봄이야기
펴낸 곳 (주)봄이야기
주소 경기도 고양시 덕양구 으뜸로110, 2동 808호(덕은동)
전화 010-5678-1788 **전자우편** songcopy1@naver.com
신고번호 제 395-251002021000147호

ISBN 979-11-92095-00-4 03810
값 15,000원

이 도서의 판권은 지은이와 (주)봄이야기에 있습니다.

김병갑 인생시집

불꽃 인생

봄여름

김병갑 시인 소개

시인 김병갑은 1968년 충남 아산 출생으로
자수성가하여 훌랄라치킨 창업을 시작으로
15개의 프랜차이즈 브랜드를 운영하고 있다.
칼빈대학교에서 사회복지학 명예박사를 받았으며,
월드비전 등을 통해 기부와 봉사활동을
20년 넘게 계속하고 있는, 숨은 행동가이다.

그의 첫 인생시집 '불꽃 인생'은
지난날의 인생역정과 도전에 대한
진솔한 반추와 가족과 회사, 직원 등에 대한
따뜻한 시선을 담백한 언어로 표현하고 있다.

시인의 말

더 큰 행복과 더 큰 뜻을 펼치기 위해
고뇌하고 몸부림치면서
한 편 한 편의 글을 썼는데 그 글들이
어느 순간 오히려 스스로를 격려하고
위로해 주는 삶의 해답으로 자리매김했습니다.

휘어지고 굴곡진 삶의 여정에서
나를 나답게 살게 해주었던
저의 인생시(人生詩)가
읽는 이의 마음에서 꿈과 희망으로
새롭게 피어나길 소망해 봅니다.

열정적인 불꽃 인생을 살아온
제 삶의 편린들을 모아
이렇게 한 권의 시집으로 나올 수 있게 도와준
파트너이자 동반자인 사랑하는 아내와 진영이, 진주,
주위의 많은 분께 감사의 인사를 올립니다.

2023년 7월 어느 날, 여름의 문턱에서.

'불꽃인생' 시집 출간을 축하드리며

김병갑 회장님의 시에는 세상을 향한 열정과 사랑의 마음이 가득합니다. 번뜩이는 영감과 지혜를 통하여 꽃처럼 아름답게 피어난 시어(詩語)들이 세상을 아름답게 변화시키고 독자들의 마음 안에 꿈과 용기를 주는 전도자의 역할을 할 거라 생각합니다.

김병갑 회장님의 삶은 불꽃처럼 강렬하였고, 따뜻하였으며, 아름다웠습니다. 회장님이 지난 20년간 펼친 기부와 사랑은 우리 사회에 선한 영향력을 끼쳐왔습니다.

지구촌의 어린이들과 어려운 이웃을 위한 회장님의 따뜻한 마음을, 독자들도 이 시집 곳곳에서 발견할 수 있을 겁니다. 이제는 시인으로 또 다른 영역에의 도전을 시작한, 김병갑 시인의 시집 출간을 다시 한번 진심으로 축하드립니다.

월드비전 회장 조 명 환

반 고흐 〈꽃피는 아몬드 나무〉

제 1 부   거울 속에 비친 마지막 내 모습 · 16

대인 · 19

모닥불 · 20

천년의 벽 · 21

인생사랑 · 22

인생만리 · 23

소주대 1425 · 24

술이 술이 마술이 · 26

좌우명 · 29

모래시계 · 31

불꽃 · 32

지상과 천상 · 33

새벽닭 · 34

흐르는 기적 · 35

빚과 빛 · 37

오르고 또 오르리 · 39

남자의 인생 · 40

생각대로 · 43

시골뜨기 로망 · 44

죽어도 놓지 않으리 · 45

제 2 부	정원이 익어가는 소리 · 49
	그랴 그랴 · 50
	커피 한 잔 · 51
	인연 · 53
	사랑 · 55
	갑똘이와 순똘이 1 · 56
	갑똘이와 순똘이 2 · 57
	운명 같은 사랑 1 · 58
	운명 같은 사랑 2 · 59
	우산 속에서 · 60
	행복한 사랑 · 61
	고감사 · 63
	복주례 · 64
	일심안심 · 67
	참 남자 · 68
	해 해 · 70
	뿌리 깊은 나무 · 71
	요리하는 아빠 · 72
	하루 · 74
	귀인 · 75

제 3 부   농사꾼 이발사 울 아버지 · 79

　　　　　벌교엄니 1 · 82

　　　　　벌교엄니 2 · 83

　　　　　보석잔치 · 85

　　　　　광야 · 86

　　　　　가문의 영광 · 88

　　　　　빛나는 여신 · 92

　　　　　돌덩이 · 94

　　　　　천국의 계단 · 96

　　　　　요 개 · 99

　　　　　어머니 인생 · 100

　　　　　아침의 빛 · 102

　　　　　굿바이, 어게인 · 104

　　　　　꽃길 · 107

　　　　　똥강아지 · 108

　　　　　복제인간 · 111

　　　　　어머니 회고록 · 112

　　　　　캠프파이어 · 114

　　　　　테라스의 꿈 · 115

　　　　　15인의 외인구단 · 117

제 4 부	벚꽃에 취해 · 121
	봄 숲길 속으로 · 122
	계곡의 향기 · 123
	첫눈과 바다 · 125
	대나무 연가 · 126
	낙엽 밟는 소리 · 127
	단비 · 129
	잠적 · 130
	마지막 바다 · 132
	꿈바라기 · 135
	가을의 꽃 · 136
	꽃들의 비밀 · 137
	봄트림 · 138
	오월의 태양 · 139
	대들보 · 141
	소나기야 · 142
	이별 · 144
	간이역 추억 · 145
	벼랑에 피는 꽃 · 146
	새해맞이 · 147

제 5 부   절벽과 빙벽 · 151
              십자가 독립투사 1 · 152
              십자가 독립투사 2 · 153
              하늘의 도 · 155
              님의 등불 · 157
              천사의 사도 1 · 158
              천사의 사도 2 · 160
              천 번의 어록 · 163
              예수와 총장 1 · 164
              예수와 총장 2 · 166
              바이킹 · 168
              1프로 · 171
              같은 하늘 같은 마음 · 172
              청년 어부 · 173
              새벽 기도 · 175
              위대한 탄생 · 176
              정년의 봄 · 179
              중독된 영업 · 181
              지구 세 바퀴의 불꽃 · 182
              큰 산을 넘어 큰 꿈에 동반자로 · 184

제 1 부

거울 속에 비친 마지막 내 모습

흐르는 물은
늘 그 자리에 있지 않는다는 것을
덜 익은 사랑은
늘 쓰리고 아프다는 것을
메마른 가시덤불 위에 핀
우리네 인연인 것을

홀로 나고
홀로 서고
홀로 가는 것이
우리네 인생인 것을

달려온 나날들
저 흰 구름에 오를 때
황량한 들판을 걸을 때
깊고 깊은 수렁 같았소

백년 천년 살 것처럼 살아온 세월
번개처럼 왔다가 천둥처럼 가는가
살금살금 왔다가 허겁지겁 가는가
아장아장 왔다가 애고애고 가는가

더 용서하며 살걸
더 사랑하며 살걸
더 아름답게 살걸
조금만 더 그렇게

가진 것 전부 내어주고
나의 꿈도 내어주고
나의 욕심도 내어주리
주저하지 않고 다 내어주리

한바탕 꿈처럼 산 인생
뼈 빠지게 살다가 어영부영 가는가
알뜰살뜰 살다가 알쏭달쏭 가는가
아등바등 살다가 허둥지둥 가는가

하늘 땅을 다 내어주고
달과 산마저 내어주고
세월도 추억도 내어주리
그렇게 남김없이 다 내어주리

한 송이 꽃처럼 피다가
한 폭의 그림처럼 번지다가
한사코 흐르는 물처럼 살다 가오

반 고흐 〈꽃이 만발한 과수원〉

대인

편함과 편리만 고집하면 소인이다
과욕으로 일을 그르치면 소인이다
남들을 원망하고 탓하면 소인이다

태양을 등지고 뛰는 이는 대인이다
거친 파도와 싸우는 이도 대인이다
그래서 나 스스로 대인이기를 꿈꾼다

모닥불

인생 모닥불

어린 날엔
파릇파릇 마른 장작 같고
젊은 날엔
활짝활짝 모닥불이 타오르고
늙은 날엔
타고 남은 모닥불처럼 쭈그러들고
죽는 날엔
깜빡깜빡 한 줌의 재만 남는구려

허허허 허한 인생
허망하게 가는 인생무상이구나,
허망하게 가는구먼 그려

천년의 벽

상상의 벽을 넘어
석양 따라 노을 따라
만릿길을 달려가리

마음의 벽을 넘어
구름처럼 다가오고 흩어지는
야속한 세월에 속지 않으리

인생의 벽을 넘어
불타는 태양 숨 쉬는 나무
따뜻한 불꽃 희망의 별들처럼
아름답게 살리라

인생사랑
– 인생을 사랑하라

숲속의 수렁 속에서 벗어나야지
막막한 사막 속에서 길을 찾아야지
현대판 노예 속에서 힘껏 올라가야지

하루살이 삶일지라도
무의미한 삶일지라도
가난이란 삶일지라도

외로워도 울지마라 인생아
미소지으며 쓰다듬어 주어라 인생아
오르막길 내리막길 꿋꿋하여라 인생아

인생아, 달빛 아래 활짝 피어라
인생아, 불꽃 아래 잉태하여 솟아라
인생아, 눈부신 꽃밭 아래 활짝 피어라

초록의 빛 영광의 빛 사랑의 빛이여
찬란한 빛 긍정의 빛 행복의 빛이여
꽃잎의 빛 상처의 빛 인생의 빛이여

삶은 인생을 믿고
인생은 나를 믿고
나는 내 인생을 사랑으로 채우리

인생만리

자연의 향기 찾아 백리길을 가리
예술의 향기 찾아 천릿길을 가리
인생의 향기 찾아 만릿길을 가리

삶의 향기 찾아 사랑의 길을 가리
꿈의 향기 찾아 기도의 길을 가리
천국의 향기 찾아 영원의 길을 가리

소주대 1425

한나라의 국민으로서
소주병을 붙들고
주당의 정신으로
왕좌에 오르리

소주의 향기와
인생의 향기와
저승길의 향기는 하나

살다 보니 소주
살려 하니 소주
살아있으니 소주

일보다 소주
기쁨보다 소주
돈보다 소주

말세야 말세야
부어라 마셔라 술술
소주야 소주야

젖먹던 힘까지 소주대
세월은 유수처럼 소주대
가슴이 타들어가 소주대

애가 타 몸이 타 소주가 타
똥줄 타 가슴 타 소주가 타
문득문득 술독에 빠져빠져
소주에 미쳐 술독에 빠져빠져

술까 막까 훅까
널까 날까 또까
소주대 1425

술이 술이 마술이
– 술꾼들의 이야기

연못에 달이 잠기듯
인생이 술독에 잠기듯
인생은 짧고 술은 창대하리니

오늘도 술잔에 내 몸을 맡긴다

사람이 술을 마시고
술이 사람을 마시고
괴물이 술을 마신다

오늘 마실 술을 내일로 미루지 마라

이 또한 술독에 빠지리라
이 또한 술병에 혀를 차리라
이 또한 술잔에 코가 삐뚤어지리라

첫 잔은 처음처럼
막잔은 이슬처럼

슬플 때도 마시고
화날 때도 마시고
미칠 때도 마시자

개똥철학을 듬뿍 실어
오늘도 거나하게 마신다

목숨 걸고 청춘에 취하라
불황이든 호황이든 취하라
녹색병의 욕구에 취하라

오늘은 술 이득 개이득
주정에 신념을 담아 마신다

술잔은 선물처럼 마주하고
술병은 빚진 사람처럼 바라보고
술꾼은 기어코 죽어야 끝난다

반 고흐 〈사과〉

좌우명(座右銘)
- 치열한 인생들에게

하늘을 나는 새들은
하늘과 싸우지 않고
밤하늘 별과 달들도
서로 다투지 않고
산과 숲은 태풍이 불어도
결코 밀치지 않는다

꽃과 열매의 향기가 다르듯
사람마다 인생의 향과 맛이 다르듯
사람은 성품과 행함에 따라
삶의 길이 달라진다

위기설은 위기를 막고
바보설은 바보가 되고
천재설은 천재가 된다

힘들다 생각하면 지옥이고
기쁘다 생각하면 천국이듯

능력 앞에 무시는 없다
노력 앞에 실패도 없다
굶주린 맹수는 죽어야 끝이 난다

반 고흐 〈고갱의 의자〉

모래시계

패배는 승리의 또 다른 얼굴인가
한 많은 쓰라린 가슴 찢어지네
역풍 속 순풍은 운명의 사다리인가
허공에서 흩어진 아픈 세월이여
구슬땀인가 식은땀인가 아님 눈물인가
천 줄기 눈물로 오아시스를 그리네

모래알의 고통이 길이 된다
나의 오만을 찢었다
속 울음을 집어삼킨다
내 영혼을 담아 걷는다

깊은 병이 암흑을 지나 보석이 되듯
헝클어진 마음의 병을 치유하리라
바위를 깎아내는 석공의 마음으로
영혼의 가마솥에서 영생하리라

불꽃

몸은 깨달음의 나무요
마음은 맑고 숭고한 숲속이니
지나온 아픈 세월 다 태워 버리소서

나 타닥타닥 그대 불꽃 되어
피어오르리
나 타도타도 그대 불기(氣) 되어
불꽃 되리니
나 붉디붉은 그대 불빛 되어
불타오르리라

천도로 불타오르는 세상의 불꽃이여
불꽃이 불덩이 되어 세상을 태우리라
붉은 불꽃 불덩이 되어 세상을 밝히리라

지상과 천상

지상은 험한 가시밭길
천상은 아름다운 꽃길
고난의 길은 지상
행복 꽃길은 천상

모든 고난은 천상에서
끝이 날 테니
천둥 번개 요동치더라도
순종하며 하늘을 따르면
끝내 비단길 펼쳐진
천상에서 우뚝 서리라

새벽닭

살얼음판 동트는 차가운 이른 새벽
날벼락도 이런 날벼락이 없는 새벽
고독한 광대가 흐느껴 우는 새벽

여태 날 위해 그렇게 애타며
흐느껴 울었나 보다
천둥은 먹구름 속에서
피눈물을 흘리나 보다
세월의 뒤안길에 헤맨 쓰린 가슴
서서히 무너지나 보다

타박한다고 타박이 줄어들랴
걱정한다고 걱정이 없어지랴
꽃이 진다고 향기마저 사라지랴

내 앞에 운명처럼 놓인 길이라면
이 세상 캄캄한 암흑이 온다 해도
그날의 영광이 하늘의 뜻이라면

푸른 새벽 별이 빛나는 기도로 세상을 밝혀야지
폭풍 새벽 희망을 만들며 내 영혼을 갈아 넣어야지
눈 덮인 새벽 꿈 영광을 찾아
백 년의 기적으로 날아가야지

흐르는 기적

바다 끝 세상 끝
내 마음 끝자락의
지옥에 던져진 나무여

상처나면 어떠랴
고독하면 어떠랴
실신하면 어떠랴

비바람을 견디는 한 그루의 나무여
비바람에 굴복하지 않는 거친 인생이여

망설이다 잠 못 이루며 울던 눈물아
낯설움도 뼈 아픔도 고개 숙이지 않으리

잠겨 죽어도 좋으니 밀려오라
흐르는 기적이 빛의 나무 되어 날아오르리라.

반 고흐 〈양귀비밭〉

빛과 빛

소낙비처럼 축축해진 청춘에
얼룩진 상처
굴곡진 한평생 벌판에서
너의 눈에서 피눈물이 난다

우람한 나무처럼 커버린 죽음의 빛
멍든 가슴 약이 되고 지친 몸 날개 되리니
눈부신 희망의 빛으로 다시 태어나리라

들판 위의 산, 산 위의 하늘
정글 속의 늪, 늪 속의 눈물
잠시 품으면 꿈만 꾸고
잠시 아프면 병든 패배자 같으니

캄캄한 어둠 속에서 빛의 씨를 뿌리리
심장을 녹일듯한 고통에도
미루지 않고 꺾이지 않고 부서지지 않고
눈부신 빛, 희망의 빛 성공의 빛으로만 살리라

반 고흐 〈아를의 무도회〉

오르고 또 오르리

순탄한 길은
길다운 길이 아니다
두려워하지 않는 길은
길다운 길이 아니다.

삶의 길이 그렇고
사람의 길이 그렇다

오르고 또 오르는 삶의 길
오르고 또 오르는 나의 길

내 등에 모두의 인생을 업고
죽음에 이르는 험난한 길조차
아무런 두려움 없이 오르고 또 오르리

남자의 인생
– 천상천하유아독존의 꿈을 품고

십수 년의 진흙을 뚫고 올라온 연꽃이
매혹적인 자태로 세상을 환하게 밝히듯

십수 년 동안 천당과 지옥을 달려온
바늘구멍만한 빛조차 찾을 수 없을 때
쓰라린 상처가 생기고
그 상처가 철학이 되듯

남자의 인생은
힘겨운 산행길에 오르는 것
남자의 인생은
불행이 와도 더 멋진 곳을 찾아가는 것

대지는 바람을 몰고 바람은 파도를 몰고
파도는 인생을 몰고 인생은 가족을 몰고
가족은 사랑을 몰고 사랑은 100년 삶을 빛내리라
사유하며 등산에 함께 오르는 자는
세상에 이치를 깨닫고
행동하며 태산에 함께 오르는 자는

세상에 인생을 깨닫고
무지개 타고 하늘을 함께 오르는 자는
무지갯빛 운명을 깨달아
정상에 우뚝 서서 천하를 다스리리라

반 고흐 〈밀밭〉

생각대로

세상에 나와
푸른 하늘 바람 한 줌
꽃향기 맡으며 태어났습니다

세상에 나와
끓는 피 젊은 피 뜨겁게
거친 세상의 파이터가 되었습니다

세상에 나와
내 욕심대로 내 생각대로
가버린 시간 후회하며 늙어갑니다.

세상에 나와
만족이 없고 만족도 모르고
술이 익어가듯 인생도 익어갑니다.

시골뜨기 로망

붉은 강변 배고파 물속으로 뛰어들어
고기와 함께 인사하네
낡은 시멘트 벽돌 갈라진 어둠 속에
조용히 숨죽이며 물을 적시네.
가난은 잡초보다 더 초라해 보였고
아픔은 증오의 태양이 내 눈을 파고들지만
그대여 넓은 세상에 나만의 씨앗을 뿌리고
그러면 넓은 세상에 나만의 열매를 얻어
그토록 온 세상에 바라던 더 높은 곳을 향해 바로
그대의 시대가 시작되리라.

고령산 기슭 하얀 눈밭 사이로 발자국을 내며
힘든 몸 잠든 새벽 닭이 운다.
시골 마을 희망 없는 흙을 파고
씨뿌리는 아이는 아버지보다 더 아버지 같아 힘겨워하네.
생존은 저 헐벗은 산마루처럼 어두운
지평선 같고
고통은 저 높은 파도가 나를 덮치는
마음 가득하지만
그대여 나의 미래를 위해서라면
그러면 우리 모두의 로망을 위해서라면
그토록 바라던 더 높은 곳을 향해
바로, 그대의 시대가 시작되리라.

*고령산 ; 저자의 고향 마을 뒷산

죽어도 놓지 않으리
- 중국 사업을 철수하며

절벽이 한 사내를 받아주네.

절벽 끝에 빈틈없는 꽃잎이 또 사내를 받아주네.

신비하고 고요함이 또 사내의 마음을 받아주네.

뿌리가 흙을 파고드는 빠른 속도처럼

한 번 더 저 넓은 초원을

죽어도 놓지 않으리.

제 2 부

반 고흐 〈밀단〉

정원이 익어가는 소리

꿈에 그리던 작은 오솔길
빛이 어리던 작은 숲속 길
사계 뒤엉킨 작은 연못 길

인생은 짧다
하늘은 높다
정원은 좋다

달그림자에 숨은 귀뚜라미 소리
별빛에 스며드는 물레방아 물소리
기다림이 발효되어 오지랖 웃음소리

온통 꽃이 피고 피어
푸른 하늘 푸른 나무
미소 꽃이 돌고 돌아

그대와 나 오손도손
너랑 나랑 도란도란
우리 서로 옹기종기

나무 그늘에 취해
꽃그늘에 취해
사랑 그늘에 취하리라

그랴 그랴

그대의 화사한 꽃이 되리
그대의 빛나는 별이 되리
그대를 사랑하니까
그랴 그랴

우리 서로 빌어주오
그대 그림자 되려오
그대의 사랑이니까
그랴 그랴

나만의 산이 되어주오
천만년 그렇게 사랑하오
우리는 하나이니까
그랴 그랴

한평생 그대만 보고 살려오
날아가서 새롭게 태어나도 그대
우리는 운명이니까
그랴 그랴

커피 한 잔

꽃향기 그득 추억이 가득
커피 향 그윽 그리움 가득
꽃을 바라보듯
그대를 바라본다

커피 향을 맡듯
커피를 마시듯
그대에게 빨려든다
뜨겁게 진하게 달달하게

반 고흐 〈아를의 침실〉

인연(因緣)

너라고 불러보면 한 계단 다가서고
우리라 생각하면 두 계단이 가볍고
하나라고 믿으면 평생 함께할 인연

슬플 때는 슬픔을 달래며 견뎌내고
기쁠 때는 기쁨을 누리며 살아가고
그렇게 지나보면 더욱 소중한 인연

말보단 행동이 앞서야 더 아름답고
시작보단 끝이 빛나야 더욱 알차고
어제보단 오늘이 값져야 참된 인연

반 고흐 〈아를의 랑그루아다리〉

사랑

가는 인연 잡지 말고
오는 인연 막지 마라
힘으로 사람 마음 얻을 수 없고
사람 인연 끊을 수 없으니

가는 사랑 잡지 말고
오는 사랑 막지 마라
억지로 하늘 뜻 거역할 수 없고
깊은 사랑 품을 수 없으니

같이 가는 길 잡지 말고
혼자 가는 길 막지 마라
화산처럼 타오르는 사랑 막을 수 없고
하늘 같은 사랑이 내 심장을 녹이리

한 사람만 잡지 말고
오는 사람 막지 마라
꽃처럼 피고 지는 게 인생이라 하지만
꽃이 떨어지는 가시밭길 사랑으로 남으리

갑똘이와 순똘이 1
– 영혼 없는 부부싸움 이제, 그만

안개 낀 아침 창을 열다 헛소리
저 높은 산의 마음 깨우다 군소리
군밤을 까먹는 일상 아이처럼 잔소리

갑자기 천재지변에 불타듯이
순간에 모닥불이 타듯이
꽃밭에 숨어있는 독사처럼

입에 독이 꽉 찬
마음에 병이 꽉 찬
눈에 눈물이 꽉 찬

돌려 까고 깜빡깜빡
쌀쌀맞게 쏘아쏘아
쉴새 없이 쏼라쏼라

한숨과 입김의 축제여
치욕과 지옥의 환각이여
질투와 지적의 난장판이여

나비처럼 날아서 벌처럼 쏘리라
미쳐보지 않으면 미칠 수 없으리라
능구렁이 세 마리 여시 세 마리만 창대하리라

갑똘이와 순똘이 2
- 답이 없는 부부싸움 이제, 그만

까닭 없이 울고 웃고
어김없이 갑론을박
생각 없이 신기방기

우정보다 의리
의리보다 아첨
아첨보다 아양

번데기 앞에서 주름잡지 않으리
뜻이 있는 곳에 혈압만 충만하리
장난 통때리는 개싸움 하지 않으리

이젠 들꽃처럼 나약하리
이젠 백만장자처럼 우아하리
이젠 재치와 위트로 밥 말아 먹으리

눈곱이 끼고 고춧가루가 낀다 해도
핏발이 서고 시력이 어둡다 해도
하늘 아래 큰 어른으로 우뚝 서서
눈싸움 기싸움 몸싸움 개싸움 하지 않고
갑자기 똘아이 되지 않고
순간 똘아이 되지 않기를 약속하리라

운명 같은 사랑 1

콰과과~꽝 운명

꽃불처럼 밝은 빛이여
감동의 쓰나미 파도여
태양처럼 눈부신 청춘이여

그리움이 없는 사랑은 없으리
그림자가 없는 사랑은 없으리
눈물조차 없는 사랑은 없으리

아픈 세상은 가라
아름다운 세상만 오라
한 많은 세상은 가라
한방의 세상만 오라
사막의 세상은 가라
오아시스 같은 세상만 오라

저 하늘의 이치를 깨닫는 것
저 깊은 바다와 강물을 이해하는 것
저 높은 산의 울창함을 받아들이는 것

눈 시리도록 보고 싶은 운명 같은 품속
날 불태우는 운명 같은 사랑
깊은 물결에 운명 같은 기도여
영원한 사랑이여 내 사랑이여

운명 같은 사랑 2

신록의 신비로움이로다
천성의 천군만마이로다
소인배가 대인배이로다

삶의 굴레 속에서
결코 비굴하지 않으리
삶의 굴곡 속에서
결코 기복이 없으리
삶의 진흙 속에서
꽃이 피듯 기쁨으로만 살리라

악의 순환을 끊고
악의 고리를 끊고
악의 마음을 끊고

새로운 부끄러움으로
새로운 떨림으로
새로운 새벽으로

하늘과 땅이 만나듯
당신과 내가 만나고
우주와 행성이 만나듯
당신과 내가 만나고
운명처럼 만나고 불태우듯
하늘이 허락한 나의 운명이여
나 그대를 영원히 사랑하리라

우산 속에서

그리운 천사가 속삭이는 곳
그대와 희로애락 함께하는 곳
그러다, 한 줌의 재로 변한다 해도

차가운 빗방울 장미꽃 우산을 쓰리
폭풍우 빗방울 무지개 우산을 쓰리
흙내음 비바람 빗속에서 그대와 함께하리라
거친 비바람 몰아쳐도 그대와 함께 우산 쓰리라

반항하고 헤맨 인생길 나눠 쓰고
외발잡이 팽이 같은 인생길 함께 쓰고
찬란한 순간도 영광의 순간도
그대와 함께 우산을 쓰리라 영원히

행복한 사랑

깨끗한 하늘과 대지에서
너와 함께 입 맞추고 싶어

황금빛 들판에 붉은 꽃밭에서
너와 함께 입 맞추고 싶어

어둠 속 빛나는 별들 속에서
너와 함께 입 맞추고 싶어

별들과 태양이 먹는 나이만큼
구름과 바람이 먹는 나이만큼
하늘과 땅이 먹는 나이만큼

그 하늘 그 태양 그 달들 그 보석만큼
그 열매 그 기적 그 운명 그 영혼만큼
그대를 영원히 사랑하리

반 고흐 〈싸이프러스가 있는 밀밭〉

고감사 (고맙고 감사하고 사랑하오)

밤하늘의 별을 볼 수 있어 고맙고
푸른 하늘을 볼 수 있어 감사하고
떠나고픈 큰 설렘이 넘쳐 사랑하오

그대 만날 때마다 고맙고
그대 생각날 때마다 감사하고
그대 그리울 때마다 사랑하오

하얀 눈 위에 그려본다
정말 고맙다고
바닷가 모래 위에 그려본다
늘 감사하다고
가슴속 깊이 새겨본다
진정 사랑한다고

힘들 때마다 고맙고
외로울 때마다 감사하고
눈물 흘릴 때마다 사랑하오

언제나 고맙고
간절히 감사하고
영원히 사랑하오

복주레

외롭게 홀로 세상 살며 온갖 기쁨을 누리느니.
차라리 슬픔과 아픔에 맞서 함께 이기리라.
외롭게 홀로 아름답게 빛나고 번쩍이는 태양을 누리느니.
차라리 태풍과 맞서 함께 싸워 이기리라.

눈과 비를 견디고 바람과 파도를 거스르고
험한 골짜기를 헤치며 함께 앞으로 앞으로 앞으로

사랑만이 우리를 일편단심으로 묶어주고
사랑만이 우리를 울지 않게 하며
사랑만이 우리를 더 큰 행복으로 함께 하리라.

부부의 인연은 일평생 같은 배를 타고
일평생 높은 파도와 함께 싸우며
일평생 백년 사랑의 약속을 지키리라.

외롭게 홀로 당신을 지배하려 함이 아니라
차라리 같은 배를 타고 함께 온 세상을 지배하여 이기리라.
외롭게 홀로 당신을 복종시키려 함이 아니라
차라리 죽는다 해도 함께 온 세상을 복종시키며 이기리라.

비바람과 폭풍우를 견디고 어두운 먹구름을 거스르고
험한 가파른 길 헤치며 함께 앞으로 앞으로 앞으로

우리의 사랑은 꽃보다 더 매력적이고
우리의 사랑은 동화 속의 멜로보다 더 감동적이며
우리의 사랑은 영화 속의 러브레터보다 더 마법 같네.

부부의 인연은 평생을 같이 지내며 같이 늙고
한 평생 같이 살다가 같은 무덤에 묻혀
그렇게 평생백년 사랑의 약속을 지키리라.

반 고흐 〈싸이프러스 나무〉

일심안심

엄마라서 사랑하고
사랑해서 일심안심이라
엄마라서 희생하고
사랑해서 일심안심이라

너의 생생한 혈관소리 고동소리
그 하늘 그 나무 그 햇살 그 바다
그 소리 들으며 기왕이면
일심안심이라

석양빛 노을은 따뜻한 사랑이고
눈 부신 빛 태양은 일편안심이라
별을 꿈꾸며 노래하는 건
달콤한 사랑이고
열매가 주렁주렁 매달린 건
풍성한 일편안심이라

엄마의 사랑은 새 푸른 꽃잎처럼
싱싱한 풀 냄새처럼 기왕이면
일편안심이라

참 남자

남자의 요리는 축제다
남자의 요리는 인생이다
당신만을 그리며
당신만을 떠올리며

당신의 눈물이 마르기 전에
당신의 상처가 깊어지기 전에

어두운 길
등불처럼 화려한
불꽃요리 밝혀주고
험한 파도
길 떠나가는 쪽배에도
불꽃요리 불태우며

힘들고 고달프고 쓰라린 기억들은
무지개 요리 타고 날려 버리고
행복하고 찬란하고 빛나던 기억들은
천국 열차 타고 향기로움 가득 넘치네

끝없는 여정
끝없는 삶의 바다
끝없는 후회 끝없는 고달픔

끝까지 챙기고 끝까지 아끼고
끝까지 사랑하며 끝까지 감동하며

끝까지 당신만의 눈부신 요리로
끝까지 영혼의 불꽃같은 요리로
끝까지 당신과 함께 살아가리라

해 해

산이 푸르고 강도 푸르고 하늘도 푸르듯
그대 있기에 내가 더 노력해
그대 있기에 내가 더 도전해
그대 있기에 내가 더 모험해

그대 웃음은 천사해 내 마음은 감동해
그대 가슴엔 사랑해 내 가슴엔 행복해

풍경이 그러하고 풀잎이 그렇고
나무가 그러하듯이
내가 있기에 그대가 더 찬란해
내가 있기에 그대가 더 신비해
내가 있기에 그대가 더 축복해

내가 웃으면 좋아해 그대 마음은 뭉클해
내 가슴엔 소원해 그대 가슴엔 함께해

짝꿍해 매일해
서약해 당연해
신부해 영원히 해
부부해 죽어도 해

뿌리 깊은 나무
– 중년의 아들을 상상하며

쉼 없이 흙을 뚫고 움트는 씨앗처럼
쉼 없이 심장 뚫고 가슴에 핀 나무처럼
쉼 없이 풀뿌리 뚫고 솟아나는 잎새처럼

태풍에 꺾인 상처로 더욱 벗 삼아 단단하거라
비바람에 찢겨진 메아리 되어 다시 피어나거라
불꽃에 그슬린 청춘의 눈물들 하늘에 적시거라

살아온 세대 새들도 품고
살아갈 세상 세상도 품고
살아간 세월 영혼도 품는
곧은 나무보다 차라리 굽은 나무가 되리라

깊은 숲 속에 길을 내며
긍정의 씨앗을 뿌리고
좁은 계곡을 누비며
진실의 씨앗을 뿌리고
높은 산 정상을 오르며
생명의 씨앗을 뿌리리라

굳세고 굳센 나무 되어
천년만년 영혼의 불꽃을 피우리라

요리하는 아빠

인정의 꽃밭에서 하나의 요리로

입가엔 미소가 한가득
마음엔 따스한 정성이 한가득
향기로운 사랑이 세상 가득

탄천 아래 달빛이 곱다
개천에 핀 꽃들이 곱다
저녁상에 핀 사랑이 곱다

달고 단 불빛 아래 불싸움
까만 밤하늘 아래 칼싸움
분주한 손길 아래 기싸움

캄캄한 세상 칼칼한 요리로
정떨어진 세상 정다운 요리로
불같은 세상 불꽃 요리로

예전엔 미처 몰랐다
요리를 미처 몰랐다
사랑을 미처 몰랐다

차디찬 겨울에는 따뜻한 요리로
무더운 여름에는 시원한 요리로
힘겨운 인생에는 사랑의 요리로

요리의 마술이 우주의 마술이 시작된다

하루

하루에 하나씩 하나씩
하루에 한 발짝 한 발짝씩

하루에 허물 하나 증오 하나,
질투 하나
하나씩 하나씩 내다 버리고

하루에 이해 하나 용서 하나,
사랑 하나
하나씩 하나씩 곱게 전하면

살아가는 날이 행복
살아있는 날이 천국

귀인(貴人)

이 세상에는 두 개의 삶이 존재하네
속이는 사람과 속이지 않는 사람이라네
그렇지만
세상엔 귀인이 있기에 살만하다네
이 땅 위에 사랑의 우산을 씌워주는 것
이 땅 위에 사랑한다는 말 한마디
해줄 수 있는 것
이 땅 위에 행동으로 안아줄 수 있는 것
그러기에
언제나 귀인을 대하듯
귀인처럼 사랑하며 사는 것
이것이 바로
자신을 속이지 않는
귀인에 대한 예우라네.
정직하게 사는 사람은
누구나 다 귀인이니까

제 3 부

반 고흐 〈신발〉

농사꾼 이발사 울 아버지
– 아버지를 그리며

밭에서는
고추 따고 옥수수 따고, 가지 따고
논에서는
둑을 갈고 고랑을 매고, 풀을 베고
이발관에는
머리 깎고 머리 감고, 머리 말리고

그러시다 끝내
손이 휘고 등이 굽고
어깨마저 기울어진 울 아버지

쉼 없이 일하고
쉼 없이 달리고
쉼 없이 보살피셨소

해와 달을 지고 이고
비바람 버팀목을 지고 이고
가족의 무게를 지고 이고
당신은 황량한 성벽 같았소
당신은 철옹성 같아 보였소
당신은 빛나는 태양 같아 보였소

왜 말이 없소
왜 보이질 않소
왜 사무친 마음뿐이요

보고 싶다 보고 싶다 못해 그립습니다
그립다 그립다 못해 사무칩니다
사무치다 사무치다 못해 눈물뿐이요

마음을 삼키고
사상을 삭히고
정신을 차리고 불러보오
아버지 아버지, 울 아버지

얼음처럼 차가운 세상이여
사랑 잃은 상처투성이여
짧은 인생 어둠의 적막이여

빗물일까 강물일까 눈물일까
물벼락일까 날벼락일까 뼈아픔일까
뿌리일까 나무일까 이파리일까

한 번만 불러보고 싶소, 울 아버지
한 번만 보고 싶소, 울 아버지
단 한 번만 안아 보고 싶소, 울 아버지

머리 조아려 빕니다
하늘나라에선 웃으며 행복하소서
하늘 받들어 빕니다
천국의 세상에서 영원히 빛나소서
내 모든 걸 걸고 빕니다
굶주림도 욕망도 없는
황금벌판에서 천사처럼 빛나소서

벌교 엄니 1
– 워메 엄니, 징하게 보고잡소

뙤약볕 아래 엄니, 홀로 남아 아득바득
낳아주시고 몸 부서져라, 길러주신 엄니
불꽃 같은 바람에 가슴 불태운 심령술사여

너무 빨리 앞세워 가신 걸음
패인 마음 달랠 길이 없었소
내 마음 슬픈 가락에 무성한
그리운 사랑 타령뿐이었소
꿈결 속에 출렁이는 허망한 추억
고갯짓의 발자욱 소리만 처량하였소

애타게 애타게 불러보오, 엄니
서럽게 서럽게 불러보오, 엄니
구슬피 구슬피 불러보오, 엄니

꽃 진 자리 촛불 한 자루 밝혀
하늘로 올려드리오
노을 질 때 맞잡은 두 손 모아
하늘로 전해드리오
숲속 지나 저문 강의 반월지를 건너
하늘 천국으로 보내드리오

벌교 엄니 2
– 워메 엄니, 징하게 사랑허요

꿈속 기차를 타고 용쓰며
엄니를 만나리오
가슴 떠는 마음 무심코
그때 그 강에서 노를 저으리오
돌아올 수 없는 강이기에
허망한 달빛만 처량하였소

엄니의 사랑은 늘 갚을 길이 없었소
엄니의 손길은 늘 따뜻한 손길이었소
엄니의 눈물은 늘 마르지 않았었소

단 한 번도 좋은데 못 가신 엄니
단 한 번도 좋은 것 못 드신 엄니
단 한 번도 좋은 것 못해보신 엄니

아쉬움 꽃구름 벗 삼아 오르소서
응어리 실개천 다 비우고 오르소서
까맣게 탄 구슬픈 가슴 비우고 오르소서

하늘 아래 오직 하나뿐인 울 엄니
하늘나라에서 고이 잠드소서 엄니
하늘 천국에서 영생을 누리소서

반 고흐 〈라크로의 추수〉

보석잔치
- 돌잔치를 축하하며

수많은 금빛 구름 사이로 속삭이네
숨었던 앞산 꼭대기에서 까꿍하네
맘대로 뛰는 심장소리 품고 품네

보석처럼 귀한 아이처럼
별처럼 무병장수하리
정석대로 꿈길 걸어가리

아가야 넘어져도 일어나야 한단다
아가야 뚜벅뚜벅 부귀영화 누려라
아가야 아장아장 위풍당당하여라

방긋방긋 똘망똘망한 아가야
반짝반짝 초롱초롱한 아가야
생글생글 싱글벙글한 아가야

단단하고 건강하게 자라다오
씩씩하고 귀하게 자라다오
천국 같은 세상만 담대하게 자라다오

바다만큼 땅만큼 사랑하고
하늘만큼 우주만큼 사랑하고
또 또또 사랑하여라

광야(廣野)
– 아들의 성공을 빌며

산꼭대기에서 고통을 삭이며
정상의 향기에 취하네
산봉우리에 저 산 등 무너지며
영롱하게 희생하네
산 너머 은빛 구름 뒤로 가려진
비상하고픈 세상이여

부디, 사람 때문에 비틀거리지 말고
또는, 신기루의 무게를 견뎌야 하며
때론, 상처와 시련마저 둘러메야 하는 것

아주 긴 꿈을 꾼 찬란한 눈물들아
흙탕물에 뒹굴며 쓰라린 열망들아
눈부시게 빛나는 영광의 상처들아

괴물과 싸우다 괴물이 되지 않게 하옵시고
악마와 싸우다 악마가 되지 않게 하옵시고
자신과 싸우다 돌연사 되지 않게 하옵소서

창조주여 진흙에서
저를 다시 빚어 주소서
신이시여 어둠에서

저를 다시 끌어내어 주소서
하나님이시여 절벽에서
기적의 기도를 들어 주소서

그 무거운 숨에 천재지변의 소용돌이도
온전히 이겨내게 하옵시고
그 무거운 짐에 하늘이 무너진다 해도
가장 높은 산에 오르게 하옵시고
그 무거운 꿈에 천 번의 타오르는
불길 걸어가며 우뚝 서게 하옵시고

저 넓은 광야에 높이 솟은 산 정상에서
마침내 세상을 지배하리라
또 또또 사랑하여라

가문의 영광
- 형을 그리는 시

세상의 노예인가 생각의 노예인가
항상 눈보라가 치고 천둥번개만 치는가
지구라는 별에서 해진 허물만 꿰매는가

가난이 싫다고 상경한 곳
후회의 뼈들이 바위를 뚫고
새 삶을 찾는다고 찾아온 곳
가로등 그림자 어두움만 들고
가난하기 때문에 헤맨 곳
술독에 빠져 울면서
입술을 깨문 수없이 많은 밤들

미안하다 눈물밖에 줄 수 없어서
감사하다 내 장단에 맞춰줘서
사랑한다 내 조각배에 타주어서

달빛에 내 희망을 걸고
하늘에 내 마음을 씻고
늙음에 내 겸손을 더하리

꼬불꼬불 살아온 삶
꽃길만 걷게 하리
아등바등 아픔만 준 삶
가문의 등불이 되리
굽이굽이 폭풍 같은 삶
영혼의 샘물 되리니

때로는 맹인처럼 더듬으며
기회를 잡고 싸우리
때로는 상처와 흉터로
당차게 맞서 싸우리
때로는 절망의 사다리에서도
가문을 위해 내 영혼을 바쳐
백 년의 찬란한 역사를 다시 쓰리라

반 고흐 〈론강의 별이 빛나는 밤에〉

빛나는 여신
- 큰 처형의 인생을 노래하다

밤하늘 반짝반짝
반짝이며 빛나는 별을 본다
구름이 뭉실뭉실
청록빛 호수에 비추어본다
초롱빛 알록달록
새록새록 초롱빛을 눈물로 본다

어느 날 내 삶이 깨질 때
생물학 나이 6학년을 뛰어넘으리
어느 날 내 돈이 깨질 때
재물보다 덕을 쌓아 보석같이 빛나리
어느 날 내 지식이 깨질 때
별처럼 빛나는 지혜를 얻으리라

고백컨대
깊은 불의 상처는 새살이 나면 그뿐
맹세컨대
백년 생사 멍든 가슴은 도려내면 그뿐
바라건대
험한 세상 까맣게 타버린 눈물이면 그뿐

밤이면 밤마다 사무치는 것이 벗이었구나
날이면 날마다 아픈 눈물이 참사랑이었구나
비가 오나 눈이 오나 깊은 한숨이 삶다운 삶이었구나

백세가 썰물과 밀물처럼 흘러갈지라도
백마디 맹세보다 한마디 맹세로 지켜내리
죽는 날 한계는 없었다고 말하리라

이젠 별과 같이
밝게 비춰주는 사람 되리
이젠 물과 같이
눈물 닦아주는 사람 되리
이젠 꽃과 같이
마음 밝혀주는 사람 되리

저 사하라 사막에서도
생명의 나무처럼 불사신 되리
짠 소금물에 내 심장을 절인다 해도
끝내 부활하는 수호신 되리
먼 하늘 반짝이고 빛나는 여신 되어
하늘의 신과 영원히 함께하리라

돌덩이
– 내 사랑 내 딸 진주에게

말처럼 살아가는
참다운 목적이 될 때
파도가 너의 말을 품어주리라
웃음이 살아있는
노래의 선율이 될 때
세상의 아름다운 미소 되리라

돌덩이에 피어 있는
눈부신 꽃처럼 될 때
험한 세상 건너가는
디딤돌처럼 당당하게 살리라

돌덩이처럼
천년만년 영원하여라
돌덩이처럼
반짝반짝 보석이 되어라
돌덩이처럼
디딤돌 되어 세상을 구하거라

피 흘린 짐승도 혀로 빨며 견디듯
짓누른 원망도 날아오르며 견디듯
두 눈에 고이는 눈물 참으며 견디거라

삶은 죽음을 이겨내야 하며
사람은 기적을 이겨내야 하며
늙음은 영혼도 이겨내야
비로소 보석처럼 빛나리라

천국의 계단
- 누나의 호스피스 병동에서

당신 인생에 배반하지 않았던 삶
그래그래 그랬었구나 애썼구나
천금 같았던 고귀한 가시밭길 같던 삶
그래그래 그랬었구나 애썼구나
꽃에 꽃이 물든 것 같이 꽃 같았던 삶
그래그래 그랬었구나 애썼구나

힘겹다
힘이 든다
힘에 겨워 운다

더 많이 사치와 부귀를 누릴걸
더 많이 얽매이지 않고 누릴걸
더 많이 헌신하지 않고 누릴걸

일의 노예로만 살았소
꿈만 꾸면서 살았소
삶의 상처로만 살았소

힘겹다
힘이 든다
힘에 겨워 운다

뼈를 녹여 내는 듯한 삶의 노래에
사랑만 품던 인생
쓰린 비가 그치면 무지개 보며
희망만 품던 인생
꽃이 피고 지고 새싹이 피고 지듯
꿈만 품던 인생

오래오래 바다 같은 사랑만 있었소
아웅다웅 가난은 오랜 벗이었소
눈부시지 않기에 빛났던 당신이었소

뿌리 깊은 나무에 밑둥이 잘려도
새순은 돋아나듯이
벌거벗은 고통과 설움 훨훨 날아서
천국을 보듯이

동트는 별 내 안에 영원한 빛 되어
황혼길 신과 함께
천국의 계단을 오르리라.

반 고흐 〈노란집〉

요 개
- 반려견 루피를 위해

허공에서 쭈빗쭈빗 흩날리는
진눈깨비 맞으며 방실방실 달린다
무리 지어 피어 있는 꽃들 사이로
헉헉대며 살랑살랑 달린다
지천에 널린 풀벌레 소리
오롯이 들으며 졸래졸래 달린다

가시밭길 울타리 보듯 너를 본다
솟아오르는 해를 보듯 너를 본다
피곤한 몸을 달래 보듯 너를 안아 본다

나의 가슴에 전하는 달빛처럼
빛나는 숨통 덩어리
나의 마음을 뚫고 온
그 벅찬 신의 선물 덩어리
너무 뜨거워 끓어오르는
숭고한 불꽃의 불덩어리

천길 벼랑 끝에 있어도
골수를 너에게 주고
뼛조각 속에 꿈틀대는
사랑의 밀도를 주리
생병 앓아눕는다 해도
내 **뼈**를 발라 너에게 주리라.

어머니 인생
– 사랑하는 장모님을 바라보며

조건 없는 빛을 주시고
식지 않는 햇살을 주시고
샘솟는 샘물을 주시니

행복의 꽃은 한평생 어루만질
반겨줄 가족이 있기 때문입니다
기쁨의 꽃은 한달음에 달려가
안아줄 가족이 있기 때문입니다
사랑의 꽃은 가시밭길 맨발에도
활짝 핀 가족이 있기 때문입니다

늘 곁에서 지친 마음을 보듬어 주시고
늘 울타리 되어 정성으로 보살펴주시고
늘 가로등처럼 눈보라 속에도 나를 밝히시니

희끗희끗 백발로 남으신 당신
다독다독 위로와 헌신한 은혜
오순도순 넘치도록 사랑 주신 은공

당신의 삶은
작은 꿈들을 밝혀주는
등불 같은 인생이오
당신의 삶의 무게는
우람한 느티나무처럼 든든한 인생이오
당신의 삶은
힘들 때도 아플 때도 가난할 때도
손 내밀어 기도하는 활짝 핀 꽃처럼
참으로 아름다운 인생이었소

아침의 빛
- 시한부 인생을 산 누나에게

그리움으로 곱게 나를 이끄는
훈훈한 아침이여
꺼져가는 하루하루의 나루터를
건너는 아침이여
날아가는 풀씨처럼 가볍게
눈을 뜬 아침이여

새벽 풀잎처럼 맺힌 이슬처럼
살았구나
밤을 지새우며 멍든 가슴으로
살았구나
한숨과 노여움과 사랑과 용서로만
살았구나

삶의 육신은 쓰러지지만
영혼의 육신은 쓰러지지 않으리
삶의 미래는 멈추겠지만
영혼의 천국은 열려있으리라

사무쳐 오를 연정을 뒤로한 채
황혼길에 오를 그날
당신의 울음 소리가 강 끝에서
눈물로 흩날리는 그날
가시밭길 눈물과 위안으로
잠들어야 할 이별의 그날

하늘이시여
작은 기적을 기대하게 하소서
하늘이시여
천금 같은 희망을 품게 하소서
하늘이시여
삶과 맞닿은 죽음의 승리자가 되게 하소서

굿바이, 어게인
- 아버지 떠나가신 뒤에

나뭇가지에 쌓인 하얀 눈꽃처럼
아름답고 깨끗했던 당신의 삶이여
밤하늘에 초롱초롱 반짝이는 별처럼
신비롭게 빛났던 당신의 삶이여
거친 파도 달래며 구름 따라 견뎌온
지고지순했던 당신의 삶이여
모진 풍파 위로하며 바람 따라 달려온
늘 그대로이셨던 당신의 삶이여

당신의 싸늘한 체온은 내 삶의 묘약이 되었고
당신의 포근한 마음은 내 삶의 등불이 되었고
당신의 환한 눈빛은 내 삶의 나침반이 되었네

하나뿐인 일생
피땀으로 일구신 것 전부 다 주시고
가족뿐인 일생
고단한 내 삶에 꿈을 만들어주시고
사랑뿐인 일생
하늘 같은 사랑을 남김없이 주시고
헌신뿐인 일생
내 삶에 치유의 빛을 주시니

하늘과 땅과 별과 달이 끝나는 이 길에서
산과 들과 강과 바다가 끝나는 이 길에서

해님도 구름에 누워 쉬어 가듯이
마음속 아픈 상처도 이제, 그만
바람 따라 쉬시다 하늘에 오르소서

은혜의 빛 생명의 빛
축복의 빛 성령의 빛으로
구름처럼 만나고 헤어지고
바람처럼 스치고 지나가듯

흙에서 나고 흙으로 돌아가
구원의 천국에서 다시 만나리라
인간으로 나고 하늘로 돌아가
영생의 천국에서 다시 만나 웃으리라

반 고흐 〈까마귀가 있는 밀밭〉

꽃길
- 꽃처럼 살아오신 어머니를 위하여

떠나버린 아픈 사랑 달래며
꽃송이와 눈 맞추고
아픔으로 지나온 세월 달래며
꽃송이와 춤을 추고
하늘 아래 땅 위에 붉게 피어오르는
꽃길 밝히듯 피어오르소서

하늘 꽃길 씨 뿌리는 정성의 마음
하늘 꽃길 새싹 움트는 처음의 마음
하늘 꽃길 활짝 피어나는 엄마의 마음

꽃들의 이름을 알면 꽃 친구가 되고
꽃들의 향기를 알면 꽃나비가 되고
꽃들의 생명을 알면 꽃길만 걷게 되리

활짝 핀 꽃처럼 언제나 웃음꽃 피우소서
예쁘게 핀 꽃처럼 풍성한 꽃길만 걸으소서
오래된 꽃나무처럼 뿌리 깊은 행복을 누리소서

똥강아지

개울가 버들강아지꽃
싱그러운 향기 맞으며 산책, 산책
하늘이 좋다 바람이 좋다
뒹굴뒹굴 쉼이 좋다

때로는 자갈밭도 뒹굴뒹굴 데굴데굴
때로는 진흙밭도 뒹굴뒹굴 데굴데굴

니 안에 순종 몇만 개
니 안에 사랑 몇만 개
니 안에 불빛 몇만 개
니 안에 치유 몇만 개

너의 몸에선 향긋한 꽃 냄새가 난다 뽀얀빛
너의 눈에선 촉촉한 복종의 눈빛 검은빛
너의 털에선 보들보들 신비로운 촉촉한 황금빛
너의 모습에선 인형같이 사랑스러운 미소빛

나비처럼 훨훨 날아서
나에게 온 귀염둥이
별처럼 곱게 빛나며
우리 집에 온 복덩이

내 눈이 멀었구나
내 눈이 멀었구나
내 감정이 뼈를 타고 퍼진다

반 고흐 〈오베르풍경〉

복제인간
– 아들을 유학 보내며

어느 날 갑자기
배낭을 둘러메고
세상 공룡이 되기 위해
험난한 길을 떠나네
평온을 가로질러
세찬 바람을 뚫고
마치 달을 품은 남자처럼

하늘 열차 타고
지상 풍경 감상하며
세상 군주가 되기 위해
햇빛 속을 걸어가네
벌써 뜨겁게 끓지만
뜨거움에 대한 열망이 넘쳐
마치 식을 줄 모르는 남자처럼

함께 뛰자 지구 한 바퀴
공룡이 되기 위해
군주가 되기 위해
함께 뛰고 함께 만들자
끝끝내 이루어내고
끝끝내 함께 이루어야 할
나의 판박이 나의 복제 인간아

어머니 회고록
- 장모님의 삶을 바라보며

꽃과 나무가 결별하는 시간을 회상하며
그 가슴으로 그리움 찾은 황혼의 끝자락에서
하루하루 더 소중하고 찬란하리.

시베리아 같은 눈길에도
새벽녘에 눈을 맞으며
봄 꽃길을 준비하고
아프리카 같은 폭우 속에서도
천둥 번개를 맞으며
가을의 열매를 준비하리.

한세월 바위처럼 우직하게 살았던
짧은 세월도
한세상 아픔으로 상처로만 살았던
짧은 세상도
한평생 피와 땀과 눈물로만 살았던
짧은 인생도

애정으로 가득찬
달과 같은 어머니의 혼으로
끝없이 기도하며 살았노라
사랑으로 가득찬
해와 같은 어머니의 혼으로
쉼없이 기도하며 살았노라

캠프파이어

산 위에 깎아질 듯한 그곳
아슬아슬한 그림 같은 집들
음악의 강물이 일렁이는 그곳
오솔길 푸른 들판 그림 같은 집들

하늘 아래
따뜻한 정성의 불꽃 같은 요리로
캠프파이어
호수 같은 너의 마음보며
그윽한 향기 커피로
캠프파이어

널 닮은 달빛 햇빛 별빛 다 주고
찰나의 시간처럼 지나가는 이 순간을 위해
캠프파이어

그 어디엔가 가보지 못한 은하수
그 어디엔가 가보지 못한 별나라
그 어디엔가 가보지 못한 달나라

너와 함께라면 캠핑의 개척자가 되리라

테라스의 꿈
– 마크빈 1호점 창업주를 위하여

테라스 뜰앞 산듯한 산바람이
처마 끝을 흔드네.
저 노을은 뉘 노을이기에
애타며 뜨겁게 타오르는가.

그 달콤한 향기에 반해
달콤한 사랑을 회상하며
촉촉한 마음이 들고
그 달콤한 소리에 취해
달콤한 꿈에 드라마가 펼쳐지네.

콧등 시린 옛 시간이
달콤한 꿈결같이 지나간 시간
성급한 걸음의 지친 삶
이제 스스로 다스리고
많은 것을 얻기 위해 무모했던 삶
이제 스스로 인생의 무게를 다스리리라.

해마다 부활하는 사랑의 빛깔 진달래꽃들처럼
삼천리 금수강산 향긋이 피어나는 그 꽃들처럼
오래오래 달콤한 꽃 향기로운 꽃들처럼
새롭게 활짝 피어나리라.

반 고흐 〈밤의 카페〉

15인의 외인구단
– 오합지졸 15인의 초보자 영업팀

7전 8기의 거센 파도가 마치 우릴 기다려주듯
모진 변화의 폭풍 사막도 또 우릴 기다려주듯
패배 앞에서도 승리를 다짐하며 우릴 기다린다

미래를 예측하기도 성공을 예측하기도 힘들기에
무조건 믿고 따르고 배우고 변화하는 것만이
험한 길을 건너 승자의 미소로 승화시키리라

배움의 변화는 진정한 리더가 되어
혁신의 변화는 인생에 꽃을 피우지만
변화를 외면한다면 끝내 패배자가 될지니.

외면한 삶은 시계바늘 같아서
절망의 시계바늘을 되돌릴 수 없듯이
혁신의 삶은 바느질 같아서
영혼의 한땀 한땀이 결실의 열매로 보상받으리니.

15인의 위대한 외인구단들이여
아름다운 도전과 헌신적 인내로
우리 다 함께 대한 정상에 올라
프랜차이즈 역사를 새롭게 쓰리라.

제4부

반 고흐 〈쌩트마리의 풍경〉

벚꽃에 취해

온 세상에 봄이 오니
꽃망울은 꽃봉오리로 열리고
따스한 봄볕, 해맑은 햇살이
길을 넘어 담벼락을 허물 듯
꽃처럼 아름다우니
가슴에 맺힌 몽우리 다 잊혀지네

일 년을 견뎌 짧게 핀
일생을 던져 낮게 핀
짧고 낮지만 참 아름다웠소

싱그런 꽃잎처럼
화려한 꽃잎처럼
활짝 핀 인생처럼

기다림에 발효된 꽃향기에 취하듯
꽃잎처럼 숙성된 웃음꽃에 취하듯
싹을 틔우고 꽃이 피듯
사랑의 씨앗 슬며시 뿌리리라

꽃은 또다시 활짝 피어나리
봄은 또다시 활짝 피어나리
삶은 또다시 웃음꽃 피어나리

봄 숲길 속으로

꽃길 속을 걸으며

선혈처럼 핀 검붉은 동백꽃
봄 숲길에 송이째 나뒹군다

봄꽃공부
수행공부
마음공부

노란 생강나무꽃
금방 터질듯한 분홍빛 진달래꽃

건강한 첫걸음
사랑의 첫걸음
성취의 첫걸음

신선한 봄 향기 가득 담은 꽃길
봄 자취 드러낸 봄색깔의 청록이여
봄 내음 뽐내는 봄기운의 숲길이여

계곡의 향기

산속의 산줄기 따라
물폭포 물줄기 따라
계곡의 물소리 따라

신비한 물 폭포
장엄한 푸른 하늘
영롱한 물안개

아름다운 사람들과 물장구치고
아름다운 자연과 노래 부르고
아름다운 추억을 떠나고 싶다

모카향 가득한 커피 한잔과
육즙향 가득한 신선한 고기와
사람의 향기 가득한 웃음꽃과

오손도손 마음을 하늘로 여는
한 폭의 그림을 그리고 싶다

반 고흐 〈배〉

첫눈과 바다

천지를 새하얗게 뒤덮네 살금살금
하늘에서 새하얗게 뿌리네 보슬보슬
메마른 대지에 쌓이네 소복소복
드넓은 바다에 내리네 살랑살랑

이산 저산 저 별들도 촉촉하네
이 바다 저바다 갈매기 가득하네
이 세상 저세상 빛이 되어 날아가리라

눈 덮인 벌판에 믿음의 발판이 되고
시린 빙판은 젊음의 인생 한판이 되고
눈폭풍은 봄날의 생명을 깨우기 위함이리니

그대 눈위에 수없이 뿌린 눈물들이여
그대 눈폭설에 매달렸던 추운 날들이여
그대 눈보라 가슴에 돌담처럼 쌓은
크고 작은 감동들이여

눈보라가 지고 꽃이 피듯
눈태풍이 지고 나무가 피듯
피바다가 지고 별처럼 달처럼 태양처럼
웅장한 기적만 끝없이 피어오르리라

대나무 연가
- 대나무 성장통을 그리며

시냇물 소리 가득 울려 퍼지네
즐거운 새들 노랫소리 들려오네
구르는 낙엽소리 생생히 들려오네

예쁘지는 않지만 모두 우러러본다
아름답진 않지만 하늘 높이 오른다
화려하지는 않지만 모두 대쪽이라 한다

사상은 드높게
원칙은 올곧게
믿음은 굳세게

폭풍우에 허리뼈가 굽어 흔들린다
비바람에 관절 마디마디가 휘어지고
눈보라에 뼈를 깎는 시린 아픔들아

내일의 해는 또 지고
오늘의 태양도 또 지고
어제의 달도 또 지나니
지고 지는 지겨운 날이 아니라
지고 지는 빛나는 날이어야 하나니
지고 지는 콧노래 부르며 높이 높이 오르리

바위는 부서져 모래가 되는 것
꽃씨는 부서져 꽃길을 걷는 것
대나무는 부서져 새 생명을 찾으리

낙엽 밟는 소리
- 가을 아침 등산길에서

가을 노을처럼 빨갛게 생겼구나
신록의 계절 붉은 열정이 너였구나
낙엽 밟는 바지락소리 낙엽 너였구나

낙엽 빛깔 보고 또 보고 싶어라
빨간 단풍 밟고 또 밟고 싶어라
알록달록 만지고 또 만지고 싶어라

빛바랜 예쁜 생각 하나 꺼내 들고 웃는다
빛바랜 아물지 않는 기억 하나
꺼내 들고 울어본다
빛바랜 허물 한잎한잎 벗어던지고 꿈을 꾼다

폭신폭신 발 이불 되어 누워본다
엉덩방아 깔고 앉아 쉬어가리
추풍낙엽 시린 가슴 덮어주리
새벽 낙엽이 내 창을 두드리면 떠나라

아픈 유혹이 내 청춘을 두드리면 떠나라
생의 언덕에서 내 꿈을 두드리면 떠나라

말로 글로 다할 수 없는 황금벌판이여
내가 가고 해가 가고 가을이 간다 해도
잎새들의 반란과 삶의 반란은 이제 시작되리라

반 고흐 〈오래된 물레방앗간〉

단비

촉촉하게 젖은 청결한 뜰앞
치맛자락 젖은 희망의 단비
진흙탕을 적신 진주 같은 단비

한 많은 설움이 봄비 되어
타는 속을 식혀 주는가,
산천초목 신음하며 애달피 잉태하여
다시 꽃으로 피어나는가
흙탕물 속에서도 밤새도록 다독이며
풀포기처럼 일어나는가

흠뻑 젖어도
환한 미소를
활짝 꽃피울

비 온 뒤에 땅은 더 굳으리라
비 온 뒤에 예쁘게 피우리라
비 온 뒤에 영롱한 아침 햇살 맞으리라

잠적

가끔 입을 막고 말해봅니다
가끔 귀를 닫고 들어봅니다
가끔 눈을 감고 바라봅니다

집착이 없는 바다로
욕망이 없는 산으로
탐욕이 없는 강으로
바람처럼 길을 떠나봅니다

이름 모를 거리에서 걷고 달리다가
소리 없이 멈추는 세찬 바람이었나
막혀진 담장이 많아 펼치고 떨치고
마치는 첩첩산중이었나
온통 아수라장 속에서 웃다가 울다가
비명의 칼바람이었나

눈 감고 귀 닫고 마음을 닫고
자연을 보고 세상을 보고 싶다
안 해도 안 가도 안 울어도 되는
바람 앞에 우뚝 선 산 앞에 서고 싶다
아픔도 눈물도 숨 막힘도 없는
내 삶의 골짜기에 벌거벗은 나무가 되고 싶다.

마음이 열리는 곳으로 떠나고 싶다
꽃과 새들이 있는 곳으로 떠나고 싶다
바다와 태양이 있는 곳으로 떠나고 싶다

마지막 바다

바다처럼 살리라
산산이 무너진 마음
바다에 잠긴 메아리 소리

파도처럼 살리라
산더미처럼 솟구치는
휑한 바다의 울음소리

진주처럼 살리라
영혼의 담금질에 늙어가는
바다 끝의 신음소리

등불이 되리
밀물 썰물 캄캄한 어둠 속에서
열린 바다 등불 되리

사람이 되리
파란만장 인생길 수평선 넘어
바다를 품는 사람 되리

날개가 되리
세차게 부는 거센 파도 바람
환희의 새벽 날개 펴리

우주가 되리
바다의 은총 바다의 희망
바다의 영혼으로 최후의 바다
위대한 바다가 되리

반 고흐 〈12송이 해바라기〉

꿈바라기

태양은 행성이요 행성은 우주요
뜨겁게 타오르는 너의 노란 눈빛

오직 뜨거운 여름만 피는
해바라기 꽃이여
오직 태양만 바라보는
축복받은 꽃이여

꿈결 같은 세상 등불 같은 세상
불꽃 같은 세상 마법 같은 세상

오직 불타는 태양 아래서만
꿈꾸소서
오직 뜨거운 가슴으로만 잉태하여
꿈꾸소서

씨앗의 싹 희망의 싹
행복의 싹 우주의 싹으로
누리는 대로 노력한 대로
바라는 대로 꿈바라기 대로
태양의 광명을 찾아 뜨겁게 타오르소서

가을의 꽃

가슴이 턱 막힐 때
밤마다 꿈자리가 어수선할 때
붉은 단풍 속삭임 소리 간절할 때
태양의 햇살이 서글픈 눈을 비춰줄 때

첫 가을이 찾아오는 날
하늘을 헤적이는 구름을 보는 날
꽃잎에 촉촉이 젖은 이슬을 보는 날
산정상에 홀로 서서 세상을 내려보는 날

두고 온 생각에 가슴 적시지만
두고 온 지친 마음 촉촉하지만

솟아나는 샘물 같은 인생을 품으리라
가을비 신비함 같은 인생을 피우리라

꽃들의 비밀

꽃송이와 입 맞추고 햇빛처럼 꽃잎처럼
또는 기도처럼 마음속에 깊이 스며들고
청춘의 꽃잎은 늙음에 굴복할지라도
진실한 삶은 영원히 빛나는 태양이리니
당신에 꽃들의 비밀은 사랑의 기도이며
당신에 꽃들의 비밀은 생명의 기도이리라

온 진심 품어온 절벽에서
아슬아슬 힘겹게 살았노라.

멀리도 따라온 시름
천릿길 하늘 아래 사랑 하나로 살았노라

별을 보며 고단한 마음 달래며 꿈꾸고
거칠고 가파른 길 온전히 살았노라

이제 새로운 삶의 봄이 왔노라
이제 새로운 희망의 봄이 왔노라

이미 들켜버린 당신의 꽃들의 비밀은
활짝 핀 꽃처럼 영생을 얻으리라.

봄 트림

버릇처럼 하늘 보고
버릇처럼 꽃을 보고
버릇처럼 너를 본다

코끝으로 감싸 오는 풀 향기는
초딩의 마음
봄의 씨앗이 꽃을 피우는
초원의 마음
웃음꽃 활짝 피운 꿈 초봄의 마음

사랑하면 보이리라
이슬처럼 맑은 봄의 물결이
사랑하면 알게 되리라
바람 속에서도 활짝 핀 꽃들을
사랑하면 피우리라
땅속에서 땅 위에서 하늘에서
봄 트림하듯 피우리라

사랑은 봄이 고향이다
사랑은 봄이 생명이다
사랑은 봄이 인생이다

오월의 태양

수심 깊은 세월의 강 글썽이며
메아리쳐 돌아오리

라일락 숲속에 앉아
지난 젊음 날아간 시간들 그리며,
향기에 취하리

생명을 잉태하는 소리 들으며
밀물처럼 몰려드는 수 없이 많은 일들
강가에 날려 보내리

구름처럼 푸르게 영글어가는
신록의 오월
해가 떠야 꽃이 되고
해가 져야 향기가 되고
해와 함께 푸른빛 되리

서글픈 마음 초록 물 담아
봄 햇살이 타오릅니다
욕심 때문에 묻어버린 상처
호수에 잠긴 달처럼 빛납니다

계절의 여왕 오월처럼 웃음꽃 피어라
푸르고 황홀한 오월처럼 향기 꽃 피어라
태양이 눈부신 오월처럼 불꽃 되어 피어라

반 고흐 〈오베르쉬르아즈의 교회〉

대들보

물방울이 모여 무지개를 연주하듯
물들이 모여 강물은 빛이 나고
눈물이 모여 태산을 적셔주네

언제나 물처럼 깨끗하리
언제나 물처럼 다투지 않으리
언제나 물처럼 만물을 이롭게 하리라

금과 옥이 가득한들
낮은 곳으로 흐르리라
큰 공을 세운다 해도
오만하지 않고 뒤로 물러나리
부귀영화를 누릴지라도
하늘의 이치를 따르리라

소나기야
– 비가 마음을 씻어주기를

하늘은 내게 소나기를 퍼붓네
세상은 내게 소나기를 뿌리네
신은 내게 소나기로 야단치네

발품 팔아 구름처럼
몸품 팔아 품고품어
뛰어다닌다 굽이굽이

천둥소리 요동치네
번개소리 번쩍이네
벼락소리 찢어지네

소나기야, 흐린 마음 씻어주렴
소나기야, 파인 마음 씻어주렴
소나기야, 쌓인 마음 씻어주렴

활짝 핀 무지개야
꽃보다 무지개야
하늘 속 무지개야

달빛도 차니 멈춰다오
구름도 차니 멈춰다오
가슴도 차니 멈춰다오

허공을 탐하지 마라
천길 땅 헤매지도 마라
하늘에 순종하며 살리라

이별(離別)

해와 산이 이별하고
낮과 밤이 이별하고
득과 실이 이별한다

겨울과 봄이 이별하고
여름과 가을이 이별하고
꽃과 눈이 이별한다

바닷물과 강물이 이별하고
강물과 시냇물이 이별하고
시냇물과 철새가 이별한다

부정과 긍정이 이별하고
슬픔과 기쁨이 이별하고
가난과 부자가 이별한다

삶과 죽음에서 이별하고
선(善)과 악(惡)에서 이별하고
천국과 지옥에서 이별한다

이별하니까 삶이고
이별하니까 인생이다

간이역 추억
- 기차에 추억을 그리며

밤새워 밤바람 흩날리며
희망열차 달리네
캄캄한 밤하늘 휘날리며
행복열차 달리네
이 밤이 찬란히 빛나며
간이역을 달리네

칙칙폭폭 기적소리
돌고도는 세월소리
꼬불꼬불 추억소리

기회를 가득 싣고
장엄한 모험 싣고
베푸는 사랑 싣고

창가에 비치는 내 눈물 뿌리고
무명의 설움에 내 욕심 뿌리고
애끓는 마음은 저 창밖에 뿌리리라

설레임 가득 안고 달린다
아름다운 마음 안고 달린다
청춘의 꿈을 가득 안고 오늘도 달려간다

벼랑에 피는 꽃

햇살이 깃든
따뜻한 날이 언제였던가
온실 속에 꽃을 피우기만 했던가
사랑하는 마음 노을 속에 감추기만 했던가

저 나대지에 피어오르는 꽃을 보아라
저 안개 속 어둠 속 터널을 보아라
저 망망대해 뱃길 등대 불빛을 보아라

누구든 꾸벅꾸벅 인사하고
누구든 뚜벅뚜벅 걸어가고
누구든 두고두고 용서하라

내 삶의 조각들을 파도에 던지리라
그 소리 발효되어 만복이 숙성되리니
이 순간 벼랑 끝에서 찬란하게 활짝 피어오르리라

새해맞이

이 하늘 아래 가장 소중한
선물은 오늘입니다.
이 땅 위에 가장 커다란
행복은 가족입니다.

떨어지는 낙엽처럼 모두 잊고
찬란한 용맹함으로 천하를 호령하소서
짙은 여운에서 깨어나 모두 잊고
설레임 가득 흩날리는 불꽃처럼 비상하소서

당신의 건강은 모두의 선물이요
당신의 사랑은 모두의 축복이니

당신의 오늘은 우주보다 더 위대하고
당신의 오늘은 지구보다 더 푸르리라

새해에는 모든 꿈 이루소서
당신 바람대로 다 이루소서

제 5 부

반 고흐 〈초가집〉

절벽과 빙벽
- 인간한계에 도전하며

뒤엉킨 욕심 내려놓고
가파른 빙판 기어오르네
날벼락 시름 내려놓고
공포에 거친 숨을 삼키네
파국의 마음 내려놓고
깎아내린 빙벽 매달려 오르네

칭찬은 없고 선처도 없는 세상
한계에 도전하며 오르리
대화는 없고 대치만 있는 세상
거칠게 분노하며 오르리
변화는 없고 변수만 있는 세상
한발 한발 힘차게 오르리

오로지 극한의 빙벽에 올라서게 하소서
기필코 빙벽과 사투하며 오르게 하소서
온종일 깡으로 악으로
오뚝이처럼 우뚝 서게 하소서

절벽 뒤에서 망설이지 않으리
절벽 뒤에서 뒷걸음치지 않으리
절벽 꼭대기에서 하늘을 날으리라

십자가 독립투사 1

골짜기 산골에 사무쳐 목이 메인 밤
등 뒤에 옥죄던 가난에 서글피 울던 밤
원망에 강을 건너 고독의 산을 넘는 밤

밤의 별을 따라 달려온 천릿길
산새는 산을 넘어 강가를 출렁이는 길
종이배 접어 사랑 나누며 흐르는 길

어머니는 나를 낳으시고
아버지는 나를 길러 주시고
하나님은 내게 생명을 주셨네

닭이 울고 개가 짖는다 해도
위험천만한 정글 같다 해도
늙어 죽는 날까지 당신만 따르리오

십자가 그리고 나
하나님 그리고 나
창조주 그리고 나

어린 십자군 독립투사여
모기도 인간의 피가 필요하듯
빛나는 인간도 혼이 필요하듯
나 하나님의 독립투사가 되리라

십자가 독립투사 2

봄 동산에 풀을 베기 위해
숫돌에 칼을 가는 밤
뜬구름에 목이 메어오면
헛물만 넘쳐오는 밤
처마 끝에 낙숫물처럼 절대
어긋남이 없는 밤

권세를 탐하고 취해버린 자
권력의 노예가 된 탐욕스러운 자
권좌를 탐닉하며 미친 자들아
고개 들어 하늘을 바라보아라

씨 뿌리고 싹 틔우고
싹틔우고 꽃이 피고
꽃이 피고 열매를 맺듯

햇살의 기운 받아
새벽의 기상 받아
벼랑 끝 기도 받아

마음의 신 구원의 신 운명의 신이여
믿음의 신 영광의 신 영생의 신이여
천지의 신 천심의 신 천하의 신이여
죽는 날까지 천지창조 하신 하나님과
천국의 그날까지 영원하기를 맹세하리라

반 고흐 〈오베르의 계단〉

하늘의 도
- 다시 기회가 온다면

강하고 큰일은 하늘의 뜻이며
유하고 작은 일은 마음속에 길이
거스를 수 없는 자연의 도이다

그 짐
그 혼(魂)
그 도(道)

진통제 같은 인생이여
캄캄한 장님 같은 삶이여
어리석은 칼날 같은 날들이여

묻는다면 이 깨물고 달리리
위로한다면 비틀대지 않으리
그날 온다면 죽을 각오로 올라
하늘의 큰 도를 다하리라

반 고흐 〈뽕나무〉

님의 등불
- 풍전등화의 삶

별이 지듯 꺼져가는 등불
빛을 잃은 빛바랜 등불
불꽃처럼 다 타버린 등불

고농도 산소 같은 운명
고주파 도파민 같은 강박
고밀도 물개박수 같은 응원

허를 찌르듯 맺히고
수수께끼같이 사무쳐도
버거운 마음 벅차오르리

사막에서 핀 들꽃처럼
빼앗긴 들 봄꽃처럼
씨앗불 잃은 촛불처럼

원없이 타오르는 등불
마음을 밝혀주는 등불
시리도록 눈부신 등불

성스러운 성자여
하나님의 불사신이여
사노라면 잊을 날 있으리오
사노라면 꽃무지개 되어
찬란히 빛나는 날 있으리라

천사의 사도 1
― 청춘을 바친 선교사를 위하여

킬리만자로 대지에 꽃마음 심어서
사랑꽃 피우리라
킬리만자로 정상에 나무씨 뿌려서
생명의 나무 키우리라
킬리만자로 하나님에 이치를 깨달아
형제의 나라로 만들리라

꽃다운 청춘에서
어느새 늙어버린 세월
패기의 젊음에서
어느새 주름만 무성한 세월
젊음의 두근거림이
어느새 노인이 된 무정한 세월

생생한 혈관의 고동 소리들아
빛나며 애쓰는 아픈 조각들아
어둠이 술렁이는 벅찬 텃새들아

두려움을 밝히는 등불같이 사랑하라
비우고 낮추는 일생만을 살아라
삐걱대는 외로운 관절 견디며 살아라

당신은 천지 만물 천사의 사도여
당신은 불변 진리 천사의 사도여
당신은 하늘을 섬기는 천사의 사도여

하나님과 함께 살고 싶었네
천국에서 함께 살고 싶었네
세상 모두 하나님과 함께 살고 싶었네

천사의 사도 2
– 주님의 사도이신 선교사를 위하여

하늘과 짝을 이루어
세상을 밝힐 수 있었소
하늘의 도리에 순응하며
사랑의 징검다리 되고 싶었소
천릿길을 당차게 딛고
진리의 길만을 가고 싶었소

낳아주신 은혜 세상의 덕으로 갚고
가르쳐주신 은혜 세상의 복으로 갚고
길러주신 은혜 세상의 사랑으로 갚았소

세상에서 나를 가장 사랑하지 않았으리
세상에서 나를 가장 귀히 여기지 않았으리
세상에서 나의 모든 것을 내려놓았으리라

달래도 달래도 우는 그 많은 날들
흐느껴 흐느껴 우는 그 많은 달들
목놓아 목놓아 우는 그 눈물샘들아

이 길이 폭풍의 길일지라도
이 길이 오지의 길일지라도
이 길이 죽음의 길일지라도

당신은 십자가 구원의
축복받음이리니
당신은 영적 찬사에 형형색색
불타오름이리니
당신은 영생 섬김의 혼을 담아
영원히 빛나는 천사의 사도가 되리라

반 고흐 〈올리브나무〉

천 번의 어록

성취의 파장은 소리가 없고
흙더미를 퍼 담은 태산은 눈물이 없고
천도의 가마 불에서 수백 번 구워도
도공의 마음만 상처로 타들어 가는구나

피와 땀으로 나라를 독립했듯
100번 아니 1000번의 강인한 어록만이
무궁화 삼천리 조국을 지키듯
천 년에 도자기의 찬란한 빛깔처럼
천 번의 어록으로 위대한
기업을 만들리라.

예수와 총장 1

빛나는 청춘의 조각들은
오직 당신뿐이리니
거룩한 황혼길은
돌담길에 속삭이는 햇살이리니
영혼에 천국의 비밀은
익어가는 희망의 샘물이리라

허망의 세상에서 헌신의 세상으로
사탄의 세상에서 성령의 세상으로
악마의 세상에서 천사의 세상으로
굿판의 세상에서 구원의 세상으로

두 손 모아 염원 가득 기도했소
두 팔 벌려 세상을 감싸 안았소
두 주먹 불끈 쥐고 함께 달렸소

사막에서 마지막 별을 본다 해도
감사하라
걷고 걸어 그 별까지 가리니
세상 풍파 모진 비바람 분다 해도
감사하라
걷고 걸어 그 달까지 가리니
넘을 수 없는 벽 앞에 무너진 가슴에도
감사하라
걷고 걸어 그 하늘까지 가리니
우울의 늪 깨달음의 늪에 빠진다 해도
감사하라
걷고 걸어 그 천국까지 가리라

예수와 총장 2

새벽부터 어둑한 하늘길 따라
나는 나아가리
꽃향기와 당신의 향기를 따라
나는 피어나리
발끝에 밟히는 내 발자국 따라
나는 밝히리라

절망의 땅에서 사랑의 땅으로
분노의 땅에서 불꽃의 땅으로
불모의 땅에서 순종의 땅으로
부패의 땅에서 부활의 땅으로

실패하며 간증하며 살았소
헌신하며 아픔으로 살았소
넘어지며 참되게만 살았소

육신 끝에서 영혼 끝까지
주님 뜻으로 다스리게 하옵시고
바다 끝에서 땅끝까지
주님만을 찬양하게 하옵시고
지구 끝에서 우주 끝까지
주님 안에서 구원받게 하옵시고
천지 끝에서 천국 끝까지
찬란하게 영생의 불꽃을 피우리라

바이킹
– 수산 사업가의 고뇌

파도에 몸 맡기며 나는 새들은
날아서 뜻을 이루듯
파도와 온몸 던지며 넘어지고
일어나 또다시 넘어서리

간담이 서늘한 진흙탕 괴물 앞에서
생과 사가 오가는 삐뚤어진 생존지옥 속에서

거센 파도의 그늘에서
묵은 껍질을 벗고
방만의 그늘 자만의 그늘을 깨고
날아가리라

인고의 바닷속에서 다시 태어나
파도의 칼바람 속에서 나의 검을 만들리라

바다여 바다여
바다에서 내 눈물이 눈물바다 되리니
바다여 바다여
바다에서 내 피가 피바다 되리라
바다여 바다여
바다에서 꽃이 피네

바다여 바다여
바다에서 꿈이 피네

남은 생도 벅차오르리
남은 꿈도 꿈차오르리

반 고흐 〈집배원 조셉롤린의 초상〉

1 프로

나는 누구인가,
세상에 던져진 나는
승승장구의 인물인가,
그냥 평범한 짱구에 불과한가?
단 하나의 사람이 되기 위해 노력하고
단 하나의 중심이 되기 위해 달리고
단 하나의 일을 위해 뜨겁고 또 뜨겁다.
단 하나만 존재하는 1 프로의 품격
단 하나만 인정받는 1 프로의 자리
1 프로의 품격과
1 프로의 자리를 위해
내 영혼을 아낌없이 바치리라

아무나 할 수 없고
누구도 쉽게 할 수 없고
모두가 다 할 수 없는 그 가치
1 프로의 진입을 위한
1 프로의 가치를 향한
끊임없는 함성
거침없는 몸부림
그 뜨거운 함성과 몸부림이
지금 막 시작되었네.

같은 하늘 같은 마음

내 마음의 세계가 어딘들
만남의 설렘만큼 달콤한 것은 없네
내 감정의 세계가 무엇인들
주체 안 되는 촉촉한 마음을 전해주네

국경 없는 강물과 강물이 만나
풍성한 용서와 배려로 만나
가슴과 가슴, 눈과 눈, 핏줄과 핏줄이
하나 된 마음으로 축복을 나누네

마음 안에 쌓였던 미움을 씻어내고
마음 안에 쌓은 그리움을 쏟아내고
나라와 언어의 장벽을 뛰어넘어
사랑의 몸짓으로 마음껏 노래 부르네.

해맑고 순수한 25인이 손을 잡고
오랜 상상을 넘어 현실에서 어울리니
해묵은 갈증은 해소되고 가족으로 거듭나
더 바랄 게 없는 행복 속으로 빨려드네.

아름다운 사람들이 6년 갈망을 뛰어넘고
같은 하늘 같은 마음으로
같은 시간 같은 자리에서 함께 웃네
이내 같은 기도 같은 인생을 그려가리.

청년 어부

인생의 바다 흐르다 흐르다
목이 메인 청춘의 바다여
가난의 살얼음판 바다에
수호자 되어 어부로만 살리라.

처음과 끝 일심과 동심
온 몸뚱아리 으깨지며 바다와 동행하며
웃음 햇살 담아 어부로만 살리라.

쓰라린 눈물 새벽 바다에 흘려
다시 피어나며
청년 어부 바다 산 그림자 밟으며
어부로만 살리라.

주룩주룩 쏟아지는 빗물 거센 파도
쌩쌩 부는 차가운 바람 검푸른 하늘
달빛 아래 고난이 보약이고
한 줌의 눈물을 바닷속에 던져주리

바다는 청년의 아버지이고
때로는 자식이니
바다로 돌아가 춤추고 노래하며
바다처럼 살리라.

반 고흐 〈쌩뜨마리의 고깃배〉

새벽기도
– 천일기도를 마친 아내를 위해

새벽 기도는 꽃이다
새벽 기도는 약이다
새벽 기도는 꿈이다
새벽 기도는 희망이다

사랑 꽃잎 타고 하늘로 띄워본다
엄마의 정성 타고 하늘로 띄워본다
하늘 위로 큰 꿈 적어 띄워본다
희망 노래 타고 하늘로 띄워본다

떨어질 꽃을 보듯 너를 보며 기도한다
순진한 아이 보듯 너를 보며 기도한다
험난한 파도 보듯 너를 보며 기도한다
허약한 마음 보듯 너를 보며 기도한다

푸른 들판을 밟으며 강 위를 뛰게 하소서
모래밭 사막을 밟으며 세상의 빛이 되게 하소서
새벽하늘 사랑과 은혜로 새벽 별을 바라보게 하소서
세상 제일 강하고 담대하고 빛나는
위대한 별이 되게 하소서

위대한 탄생
- 직원 딸의 탄생을 축하하며

나무의 씨는 울창한 숲 깊은 산을 만들고
꽃의 씨는 눈부신 아름다운 꽃길을 만들고
사랑의 씨는 찬란하고 빛나는 위대한 보석을 만드네.

살핏줄 내비치며 웃는 아이는 꽃잎을 닮았고
살포시 웃으며 내는 향기는 라일락 꽃내음 같고
살짝히 뜨는 눈빛은 푸르고 깨끗한 흰구름 같네

너의 탄생의 울음은 고요한 등불 같고
너의 탄생의 손끝은 내 인생에 지표 같고
너의 탄생의 눈물은 반짝이며 빛나는 별빛 같네

내 아이의 위대한 탄생을
빛나는 눈 위에 사랑의 마음을 새기고
높은 산 정상 바위에 기쁨을 새기고
푸른 하늘 속 풍등에 희망을 새기고
초롱빛 빛나는 별님 속 가슴에 새기고
삶의 첫날밤 하나님과 죽는 날까지 함께하리라.

눈보라 속 길을 잃어도 내 아이를 위한 길을 가고
모진 풍파 온다 해도 내 아이를 위해서만 항해하고
인생에 위기가 온다 해도
내 아이에게 기회만을 만들어주고

내 아이 내 인생 내 모든 꿈
내 아이만을 위해 위대한 탄생과 함께
나의 인생을 품으리라.

반 고흐 〈쌩트마리의 시골집〉

정년의 봄
- 직원의 정년 퇴임을 축하하며

바다는 파도를 만나고
강물은 바위를 만나고
시냇물은 꽃들을 만나듯

내 생에 설렘 가득한 만남이고
내 생에 불꽃 같은 만남이고
내 생에 선물 같은 축복의 만남이었습니다

불타는 태양과 숨 쉬는 나무처럼
활짝 핀 꽃과 춤추는 나비처럼
따뜻한 불꽃과 희망의 벌들처럼

당신이 머문 자리에 꽃 마음이 피었습니다
당신이 해맑은 미소로 반짝이었습니다
당신이 품은 깊은 뜻 하늘이 감동해 하늘을 품었습니다

아쉬워 부르르 몸을 떠는 숲
아쉬워 스르르 눈물로 맺은 강
아쉬워 뿌리까지 아픈 추억들

내일은 다시 푸른 새벽이 옵니다
내일은 새로운 길이 시작됩니다
내일은 정년의 봄이 태어납니다

반 고흐 〈아이리스〉

중독된 영업
- 미치도록 영업하라

풍선 속처럼 부푼 마음이 한결같듯이
짙은 초록빛 쭉쭉 뻗는 나무처럼 푸르듯이
밤낮없는 별처럼 초롱초롱 빛나듯이
판을 뒤엎는 우리의 도전
내일을 향한 준비가 다른
마음을 향한 깊이가 다른
내일을 우뚝 세우기 위해
미래에 대한 성장통을 마음 깊숙이
고통을 공감하는 유일한 법칙은
이제 당신의 중독된 시작의 정복이
달콤한 경이로운 멜로디로 승화되리라
영업에 중독된 용사들이여
박차고 일어나 세상을 움직여라.

지구 세 바퀴의 불꽃
– 아프리카 우물파기 10년 10정을 축하하며

사랑 마음 나누며
빛나는 걸음으로
수만리를 가는 별들이여
한 알의 생명수 나누며
은총 빛 푸른 대륙
수만리를 가는 희망 바다여
기도 마음 나누며
초롱빛 구름타고
수만리를 가는 무지개여

천국의 문은
흔들리지 않는
한송이 꽃이어야 하고
천국의 문은
소나기가 와도
우산을 함께 써야 하고
천국의 문은
벼랑 끝에 있어도
함께 기도하는 것.

기도의 불꽃은
그들이 나에게
신의 진리를 채워주는 것
기도의 불꽃은
내가 그들에게
신의 진리를 채워주는 것

아픔과 절망과 역경을 나누며
위대한 신과 함께
모두를 위해 기도하리라.

큰 산을 넘어 큰 꿈에 동반자로
– 삶의 동반자인 직원들을 위하여

천리향 꽃향기 보배로워
신선이 알록달록 봉황새 타고
하늘에 무지개 사다리처럼
인생을 활짝 밝히며 맨발로 올라가네.

20대는 노력한 만큼 오르고
30대는 하는 만큼 오르고
40대는 품은 만큼 오르고
50대는 하나가 되는 만큼
함께 비상하리니.

동반자의 마음을 담아
동반자의 세상을 담아
동반자의 인생을 담아
함께 비상하리라.

높은 산 거친 골짜기
깊은 강물도 우리 앞에서는
한없이 잔잔하기만 하네.

너 말고 우리
나 말고 우리
일 말고 우리
내 사랑 말고 우리 사랑
함께 비상하리니.

동반자의 꿈을 담아
동반자의 업적을 담아
동반자의 승리를 담아
함께 비상하리라.

신은 자연을 만들고
사람은 도시를 만들고
동반자는 정상의 기적을 만들어
큰 산을 넘어 큰 꿈에
영원한 동반자로 남으리.

시인 김병갑님의

시집 '불꽃인생'의 수익금 전액은

월드비전에 기부됩니다.